KB202849

몽이의 깨달음

우당탕탕 좌충우돌 수행기

몽이의 깨달음

글·그림 용정운

운주사

난, 몽이! 난 특별해.
깨달음을 구하고 있거든.

간절하게 깨닫고 싶은데…

어떻게 하면 깨달음을 구할 수 있을까?

깨 · 달 · 음 ?

근데 깨달음이란 무엇일까?

깨달음이란?
번쩍하는 무언가?

어둠 속 한 줄기
빛 같은 거?

어두운 밤,
길 헤매지 말라고 비추는
등대 같은 거?

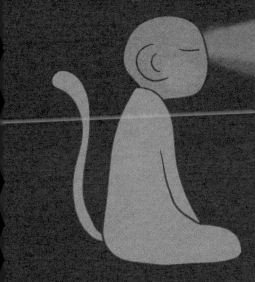

앞날을 훤히 볼 수 있는
능력 같은 걸까?

바다 위를 둥둥 떠다니는 여유로움 같은 걸까?

하늘을 훨훨 날아다니는 자유로움일까?

받으면 그냥 좋은 선물 같은 걸까?

깨달음은 아마도 기분 좋아지는 것일 거야.

깨닫기만 하면 분명히 난
지금과는 다를 거야.

난 **특별**하고 싶거든.

그런데
깨달음은 어디로 가면
찾을 수 있는 거지?

한 계단씩 밟아 올라가면
그 위에 있을까?

은

음

달

깨

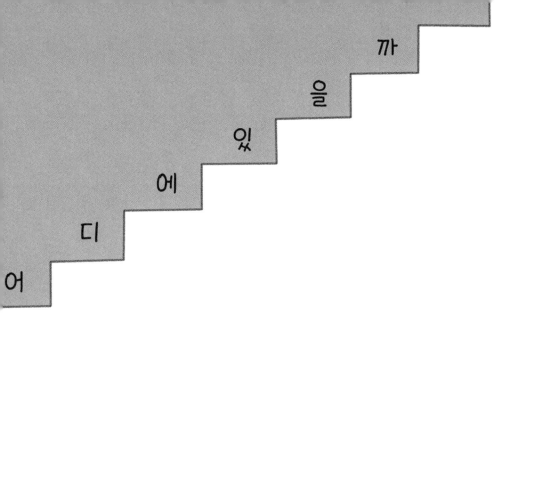

어
디
에
있
을
까

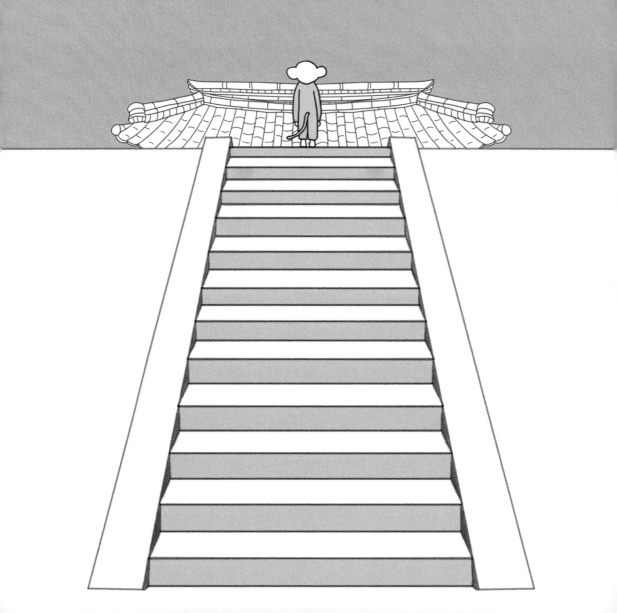

이 안에 있을까?

깨달음을 찾으러 왔다구?

차나 한잔하고 가거라.

네, 차가 참 따스합니다.

왠지…
이 따스함 참 좋다.

지금 이 순간!
깨달음은 잊어.
이대로 그냥 좋구나.

따스함도 잠시,
난 또 혼자야.
외딴섬에 홀로
내버려진 듯해.
외로움이 밀려와.

쓸쓸하고, 외롭고, 추워.
깨달음이란 것에
의지할 수 있을까?
무엇에 의지하며
살아야 하지…

잠깐에도
마음은 쉼 없이
이리로 저리로
왔다 갔다 하는구나.

정신 똑바로 차려야 해.
어디로 가고 있는 거지…
사는 게 너무 위태로워.

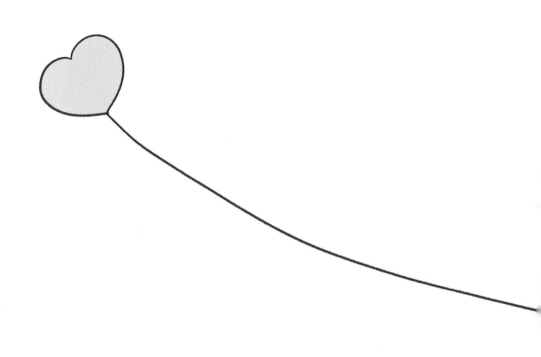

흔들리는 그 마음
꼭 잡아야 해.

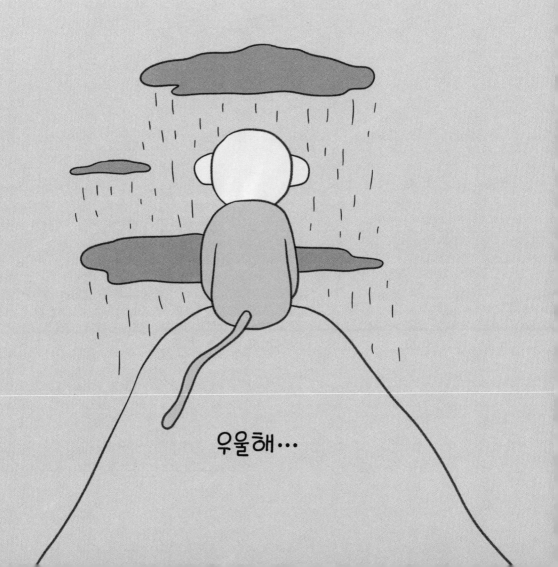

우울해…

슬퍼…

불안해…

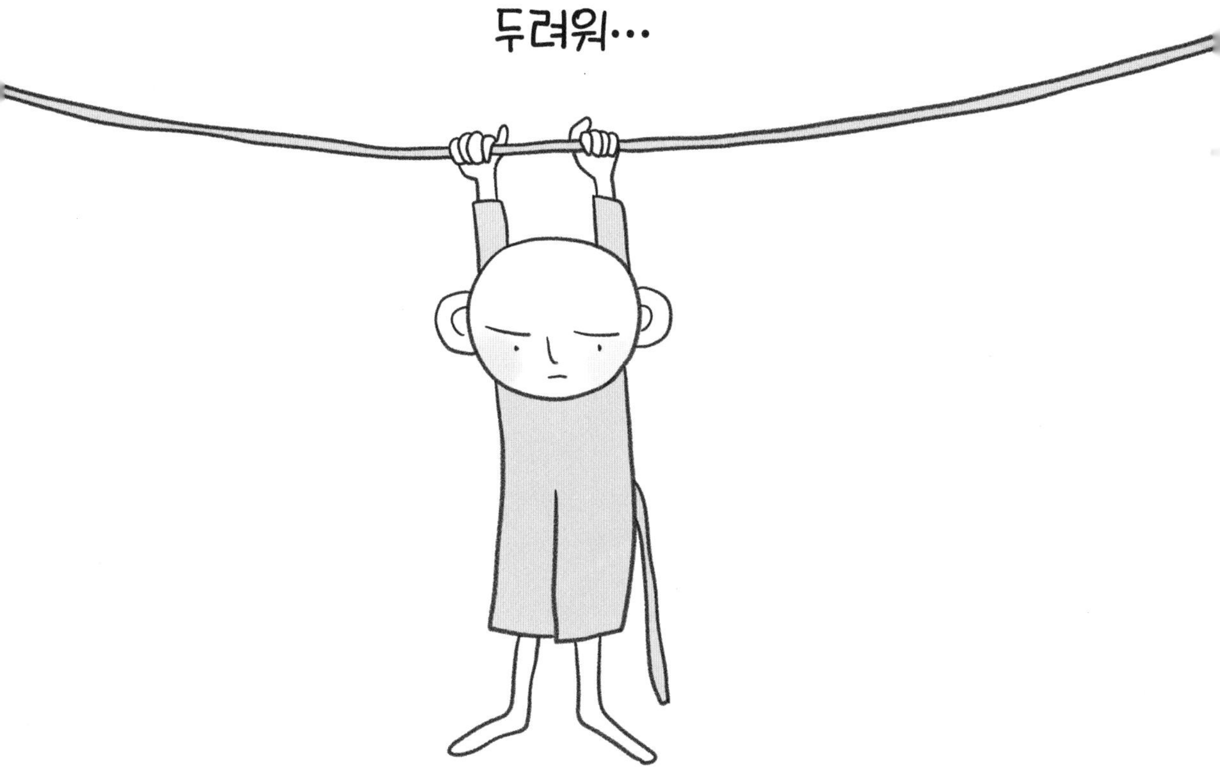
두려워…

절망스러워…

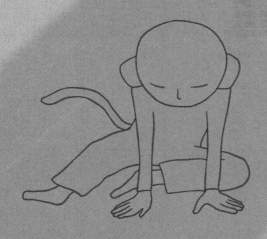

아무것도 하기 싫어.

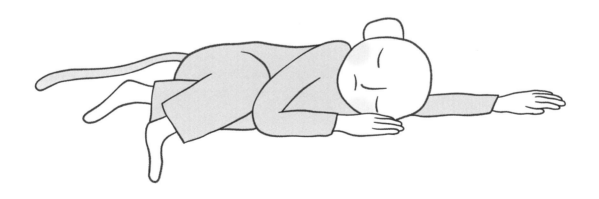

때때로
감정의 소용돌이 속에서
허우적거리고 있어.

이런 감정들은 도대체
어디서 오는 걸까?

생각만 한다고
알 수는 없어.

그런데, 지금
그 많던 감정들은
어디로 갔지?

지금 난 고요해.

이 감정들은 어디서 와서
어디로 가는 걸까?

내 안에 다른 누군가가
있는 게 분명해.
나를 요동치게 하는 **그놈**

일한다.

먹는다.

잔다.

하루 일상 속에서
불쑥불쑥 찾아오는
온갖 감정들…

그저 왔다 간다. 수없이…

그것에 사로잡히지 않는다면

그 감정들은 고요해진다.

마음도 쉬어간다.

쉬어가는 마음속엔
다른 누군가는 없어.

이 고요해진 마음속에
깨달음이 있을까?

고요해진 마음이 좋아.
이대로 쭉 있고 싶어.

자꾸 이런 마음에 집착하게 돼.

그렇게 집착하는 마음은
고요하지가 않아.
난 욕심쟁이인가 봐.

햇살 좋은 날만 좋아하는 것과 같아.
비 오는 날도 있는데 말이야.

그렇지만 비가 오면
반갑지가 않아.

많이 불편하고 번거로워.

좋은 점도 있기는 해.
분위기가 있거든.

마음이 차분히 가라앉는 게
명상하기에도 좋아.

비는 그저 내릴 뿐인데
내 마음은 참으로 다양하구나.

비가 내린다.

비를 보는 내 마음처럼
고요하지 않은 마음도
피하려 하지 말자.
그 마음도 내 마음인 걸.

마음을 가만히 들여다본다.

내 마음은 참으로 시끄럽다.

수많은 **분별**을 한다.

분별은 번뇌를
자라게 한다.

분별의 늪에 빠져
허우적대기 전에
어서 일어나야 해!

마음이 한결같을 수는 없을까?

불편하지 않고
분별하지 않고
흔들리고 싶지 않아.

흔들리지 않게
꼭 잡고 싶지만
어느새 또 흔들리더니
달아나 버린다.

그러고 싶지 않은데…

이 마음의 주인은 내가 아닌가 봐.

내 마음을 내 맘대로 할 수가 없어.

마음이 내가 아닌가 봐.

싫다, 좋다 하는 생각,
이랬다, 저랬다 하는
변덕스러운 마음.
어디로 가야 할지 몰라
헤매는 마음.
화나는 마음,
그로 인한 고통스러운 마음.

맞아, 난 지금
고통스러워.
그런 마음들이
나를 고통스럽게 해.

나의 고통을 본다.

시끄러운 거 싫어,
나 명상해야 해.

둘이 있고 싶어,
사랑하고 싶어.
혼잔 너무 외로워.

먹고 싶은 거,
사고 싶은 게
너무 많아.

몸이 아파,
이 통증,
죽으면 어떻게 하지…

쟤가 너무 싫어.
못됐어, 상식 밖이야,
날 괴롭혀. 하루라도
안 봤으면 좋겠어.

우울해서,

슬퍼서,

화나서,

짜증나서,

외로워서,

바빠서,

지루해서,

배고파서,

배불러서,

시끄러워서,

이래서,

저래서

…

이런 생각들은
꼬리에 꼬리를 물어

태산 같은
근심을 만들어.

근심 가득한
하루하루는
고통의 연속이야.
행복하지 않아.

이 고통 속에서
어떻게 살아가야 하지?
절망적이야.

이 고통에서
벗어나고 싶어.

어떻게 하면
이 고통 속에서
벗어날 수 있을까.

깨달으면 이 고통에서
벗어날 수 있을까?

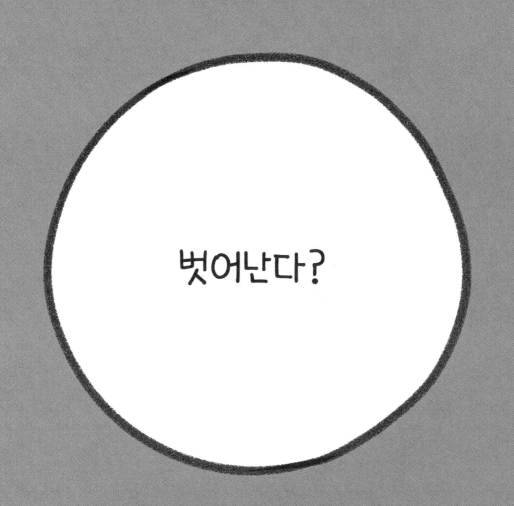

어디?
어디서부터 어디로?
고통의 근원이 어딘데?
왜 고통스러운 건데?

어디로 도망칠 건데?

발이 떨어지지가 않아.

벗어날 수 없어.

도망칠 수 없어.
도망갈 데가 없어.

이 고통은 이 자리에서
내가 풀어내야만 해.

고통을 본다.

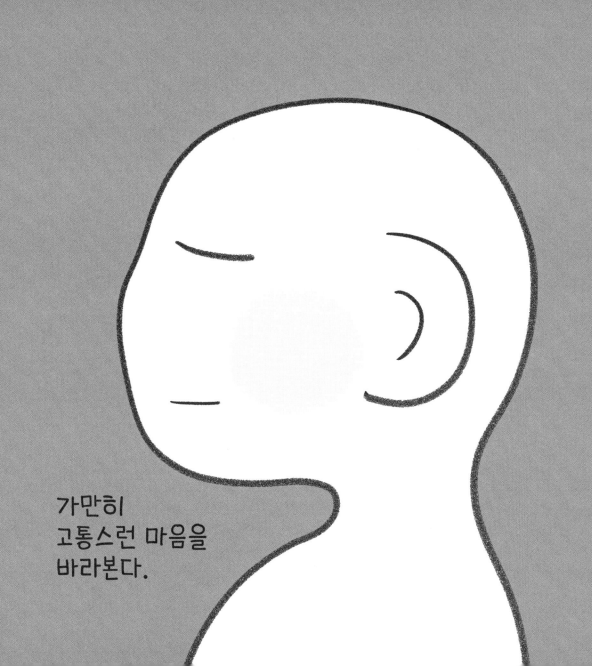

가만히
고통스런 마음을
바라본다.

벗어나려 애쓰니 더 고통스럽다.

고통스러운 마음은
어디서 와서,
어디로 가는 게 아니라
나로부터 나와서
나로 인해 사라지는 것.

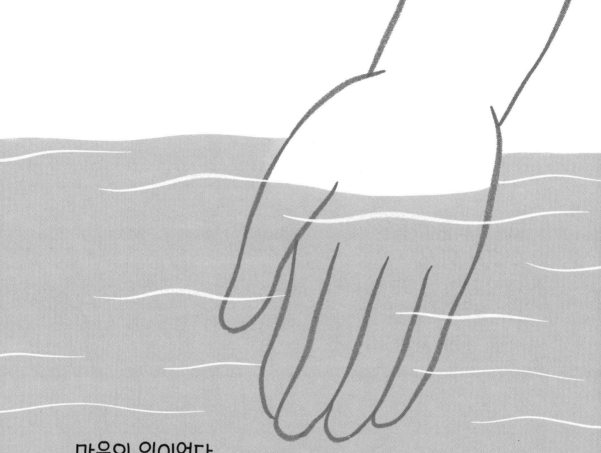

마음의 일이었다.
분별하는 마음,
고통스러워하는 마음,
모두 **내 마음의 일**이었다.

고통의 원인은
그걸 고통으로 생각하는
나의 마음이 고통을
만들고 있는 거였다.

고통의 원인은 바로 나인 것을
싫다고 발버둥치며 거부했다.

인정하고 받아들이자, 허용하자.

마음의 일이 줄어든다.

고통이여 오라, 내가 다 받아 줄 테니.

고통은 그저 왔다 간다.
왔다 가는 고통은
잠시 내게 머물 뿐.
고통은 내가 아니다.

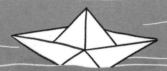

아파하는 나,
슬퍼하는 나
화내는 나,
짜증내는 나,
분별하는 나,
그로 인해 힘들어하는 나,
그건 내가 아니다.

그로 인해 나를 어떤
나약한 존재로 판단하지 말자.

나약한 게 아니라
지금은 좀 약한 거뿐이야.

이리저리 흔들리지만
흔들릴 줄 아는 거야.

고집하지 말자.
그건 어리석은 거야.

그냥 그런 상황이 만들어진 것뿐.
잠시 그 상황에 머물 뿐이라는 것을 알아.

비록 닥치면 아프지만
그 아픔이 항상하지 않음을 알기에
난 견뎌낼 수 있다.

예전처럼 아프지 않아.

내 마음의 일을
줄이는 법을
알아가고 있어.

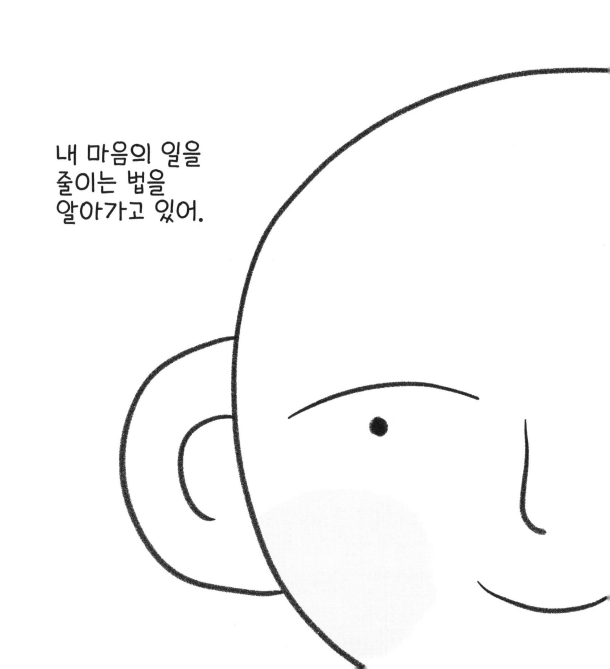

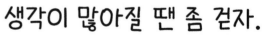

생각이 많아질 땐 좀 걷자.

파란 하늘도 올려다보고
바람결도 느껴봐.

길가에 핀 꽃들도 보고

양지바른 곳에 쉬고 있는
고양이도 만나고

음악도 듣고

시원한 그늘 아래서
책도 보는 여유를 가져봐.

내 몸과 마음을
쉬게 해 주자.

좋아하는 일도 찾아봐.
그림도 그려보고

등산도 하고

영화도 보고

내게 선물 같은 시간을 주는 거야.

일상을 온전히 느껴보자.

보이지 않은 것들이 보이고
또 다른 나를 만날 수 있을 거야.

그리고 지금 난 열심히 일도 하고
꾸준히 정진 중이다.

상쾌한 아침이다.
왠지 기분이 좋은 걸.

모닝커피도 좋아.

이젠 완연한 봄이야.
꽃들도 활짝 피었어.

날이 참 좋네.
공기도 달콤해.

안녕! 까미야.
네 노랫소리가 참 좋구나.

정말? 다른 이들은
다 시끄럽다고 하던데?

그래? 아무튼
난 오늘 기분이 좋아.
네 노랫소리도 무척
아름답게 들린단다.

고마워, 몽이야.

마음이 좋으니 시끄럽게 들리던 까미 소리도
좋게 들리는구나. 역시 맘이 문제였어.

노을이 멋지네.
오늘은 내 마음이 조금 넓어진 것 같아.

그리고, 마음이 따스해진 것 같아.

마음을 연다는 것은
따스한 봄날에 꽃을
피우는 일과 같구나.
지금 내 마음이 봄이야.

내일은 좀 더 깨달음에
가까워질 것 같은 예감이 들어.

난 오늘도 수행 중

수행은 즐거워.
열심히 수행하면
깨달을 수 있어.

계속 정진 중

또 정진 중

기필코 깨달을 거야.

아직 멀었을까?

꼭 깨달음을 찾고 말 테야…

깨달음은 아직 먼 듯하지만
힘들어도 괜찮아.

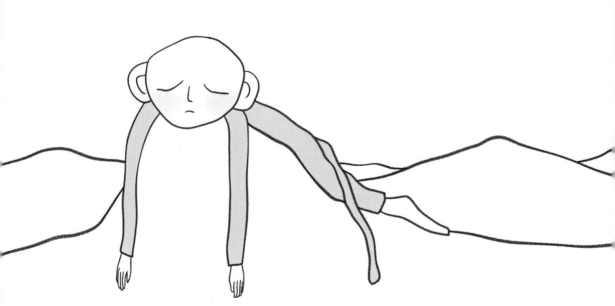

길을 잃어도 괜찮아.

지쳐도 괜찮아.

좀 쉬었다 가자.

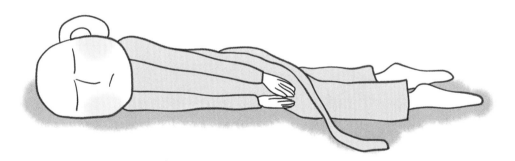

일어나 또 나가는 거야.

부처님, 저는 깨달음을
찾아다니고 있었습니다.

차 한잔하거라.

네, 부처님

따스하다.

이 따스한 온기

익숙한 기분이 든다.

따스함이 스며든다.

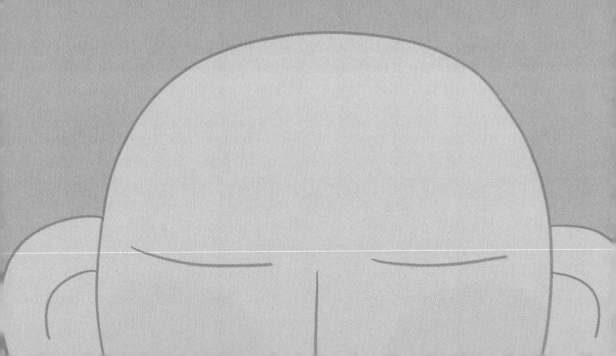

혼자가 아닌 이 충만함
깨달음조차 잊게 하는 이 순간

깨달음을 구하던 나는 어디로 갔지?
나는 누구지?

지금 이 순간 무엇이 필요할까?

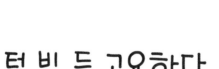

텅 빈 듯 고요하다.

텅 빈

충만감

내가 무한대로 확장되어 간다.

물이 되고, 바람이 되고,
구름이 되고, 우주가 된다.

텅 빈 바탕에 내 마음을 비춘다.

텅 빈 바탕에 그림을 그린다.

서툴고 불안할지라도 그대로 충분하다.

괴로움으로,
즐거움으로,
보는 것으로,
느끼는 것으로,
들리는 것으로,
숨을 쉬는 것으로
깨달음은 늘 내 눈앞에
나타나 있었다.

모든 나의 걸음걸음이 깨달음이었다.
어디 가지도 오지도 않았던
원래 늘 있었던 것.
내가 충분히 누리고 있었던 것.
그대로가 깨달음이었다.

의심과 분별로 내 눈을 멀게 했을 뿐.
깨달음은 저절로 이루어지고 있었다.

이제 의심하지 않을 거야.
있는 그대로 분별없이 보면
그 순간이 깨달음인 거야.

분별하고 있음을 알면
괴로움은 가벼워진다.

그저 그릴 뿐…

고요한 마음도
분별하는 마음도
다른 누군가가 아닌,
내가 그린 그림이고 내 마음이기에,
난 그 모든 걸 사랑할 수 있어.

와~ 사랑! 사랑해!

나도, 너도, 모든 걸
사랑할 수 있을 것 같아.

부족한 그대로 사랑해.

없는 것을 찾지 않을 거야.

내가 못하는 것을
구하지 않을 거야.

내가 그릴 수 없는 그림을
그리고 싶다고 욕심내지 않을 거야.

난 지금 이대로 충분히 멋진 걸

생각으로 날 괴롭히지 않을 거야.

날 바라볼 준비가 되었어.

날 돌볼 준비도 되었어.

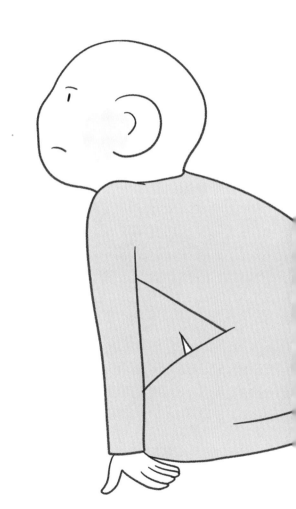

오늘도 걷는다.

어제와 다른 오늘,
발길이 가볍다.

발길 하나하나가
깨달음의 길이다.

공기, 바람, 꽃, 나무, 새들...
모두 깨달음을 도와주는 친구들
감사하다.

배고픈 배를 채워주고
나를 살게 해주는 음식들
너무 소중하다.

조용히 명상할 수 있는 이 쉼터도 감사하다.

이곳에서 정진하는 나도 아름답다.

여전히 올라오는
수많은 생각도 고맙다.

내 앞에 놓인 어려운
일들도 감사하다.
모두 나를 성장시켜 주는
과제들이다.

그저 오고 가도록
바라보자.

그리고…
조금만 괴로워하자.

텅 빈 도화지에
어떤 그림들이
그려질지 알 수 없어.

궁금하지 않아.
내가 그린 세상 그대로
충분할 테니까.

그 세상 그대로가 깨달음이고 일상이야.

이제 깨달음을 찾아 떠날 필요가 없어.
지금 이렇게 깨달음 속에 살고 있으니까.

아름답다.

물결 따라 배는 여전히 흔들리고
나의 마음도 함께 춤을 춘다.

내가 닿을 곳을 알기에
함께 춤을 추며 흐른다.

글·그림 용정운

명상 카툰·불교그림 작가이며, 붓다의 가르침을 글과 그림으로 회향하는 수행자이다.

BTN 불교TV에 카툰 명상 〈일상에서의 작은 깨달음〉을 방영하고, 현대불교신문에 〈I Love Buddha〉를 연재하는 등 다수의 불교 매체에 명상 카툰을 연재하였다. 2012년 불교언론문화상 인물부분 특별상을 수상하였다.

저서로는 『마음공부 만다라 컬러링 100』과 명상 카툰집 『걱정하면 지는 거고 설레면 이기는 겁니다』, 『일상에서의 작은 깨달음』(2011년 올해의불서 우수상 수상)이 있으며, 『도표로 읽는 불교 교리』, 『365일 눈부신 하루를 시작하는 한마디』, 『내 안에 삶의 나침반이 있다』, 『어린이 반야심경』, 『부처님나라 개구쟁이들』, 『불자생활백서』 등 여러 불서에 그림을 그렸다.

• 이미지보리 운영: imagebori.com
• 유튜브 채널: 용작가
• 인스타그램: @yongjungoun

몽이의 깨달음

초판 1쇄 인쇄 2023년 8월 10일 | **초판 1쇄 발행** 2023년 8월 17일

글·그림 용정운 | **펴낸이** 김시열

펴낸곳 도서출판 운주사

(02832) 서울시 성북구 동소문로 67-1 성심빌딩 3층

전화 (02) 926-8361 | **팩스** 0505-115-8361

ISBN 978-89-5746-757-2 03220 **값** 17,000원

http://cafe.daum.net/unjubooks 〈다음카페: 도서출판 운주사〉